L'ÉVANGILE DE LA RICHESSE

ANDREW CARNEGIE

FV ÉDITIONS

TABLE DES MATIÈRES

Andrew Carnegie   1

L'ÉVANGILE DE LA RICHESSE

1. L'EMPLOI JUDICIEUX DE LA RICHESSE   9
2. L'ÉVOLUTION, ET CE QU'ELLE NOUS COÛTE   11
3. NOUS PAYONS FORT CHER CE PROGRÈS SALUTAIRE   12
4. L'HOMME EST PLUS QUE L'ARGENT   14
5. IL NE FAUT RÉALISER QUE CE QUI A ÉTÉ RECONNU PRATICABLE   16
6. L'UTILITÉ DES GRANDES FORTUNES EST DISCUTABLE, CELLE DE L'AISANCE NE L'EST PAS   19
7. DES TROIS MODES D'EMPLOI DE LA RICHESSE   20
8. JE LAISSERAIS PLUTOT A MON FILS MA MALÉDICTION QUE LE TOUT-PUISSANT DOLLAR   22

9. DES LEGS FAITS DANS UN BUT D'INTÉRÊT PUBLIC … 23
10. L'ÉTAT DANS SES RAPPORTS AVEC LA RICHESSE … 25
11. LES NATIONS DEVRAIENT ALLER PLUS LOIN ENCORE DANS CETTE VOIE … 26
12. IL N'Y A QU'UN SEUL MOYEN DE BIEN EMPLOYER UNE GRANDE FORTUNE … 28
13. LE SEUL VÉRITABLE AVANTAGE DE LA RICHESSE … 31
14. LE DEVOIR DE L'HOMME RICHE … 32
15. A QUELS SIGNES RECONNAÎT-ON L'EXTRAVAGANCE ? … 33
16. L'ARGENT DÉPENSÉ EN CHARITE EST EN GRANDE PARTIE MAL EMPLOYÉ … 35
17. N'AIDEZ QUE CEUX QUI VEULENT BIEN S'AIDER EUX-MÊMES … 37
18. LE CHOIX DE L'HOMME RICHE EST LIMITÉ … 39
19. LE PROBLÈME DU RICHE ET DU PAUVRE … 41
20. LE VRAI ÉVANGILE DE LA RICHESSE … 43

ANDREW CARNEGIE

1835-1919

Pendant les dix dernières années, certaines industries ont pris, aux États-Unis, un développement colossal. Pour la production du fer et de l'acier, ce pays vient de dépasser l'Angleterre, et occupe définitivement la première place dans le monde. Le district métallurgique de Pittsburgh s'est particulièrement distingué par un prodigieux accroissement de production. Sous l'énergique impulsion de M. Andrew Carnegie, qui s'est acquis en peu de temps une fortune considérable, les usines d'Edgar Thomson et de Homestead produisent actuellement plus de métal qu'aucune autre usine au monde. Toutefois, ces gigantesques développements industriels ont aussi leurs côtés faibles. Ils ne sont rendus possibles que par l'emploi de moteurs puissants, groupant autour d'eux les populations, en vastes agglomérations ouvrières d'une part, et en chefs extrêmement riches de l'autre. Cette situation tend à créer un antagonisme qui peut affaiblir une nation, en détruisant son unité. En Amérique, comme chez nous, cette question a vivement préoccupé les esprits prévoyants, M. A. Carnegie entre autres. Dans une brochure qu'il vient de publier sous le titre de *L'Évangile de la Richesse*, il indique la solution du problème, telle qu'il la comprend, ainsi que les conditions nécessaires au maintien de l'harmonie et de la concorde. Nous avons pensé qu'il serait bon de faire connaître à tous ceux que la question intéresse chez nous, la manière de voir d'un richissime industriel, du plus grand producteur d'acier, de celui qu'on appelle volontiers aux Etats-Unis « *The Iron king* ». L'Évangile de la richesse, qui a paru en premier lieu dans la North American Review, a été tiré à un grand nombre d'exemplaires aux États-Unis et en Angleterre. Il a été l'objet d'une appréciation très favorable de la part de Gladstone, dans le Nineteenth Century. Voici, du reste, une courte biographie de l'auteur.

~

Andrew Carnegie est né à Dunfermline, en Écosse. Le récit de sa vie est des plus instructifs. Entré de bonne heure à l'école, il s'y maintint toujours à la tête de sa classe; mais il dut toutefois renoncer aux études, pour être initié aux affaires. Un parent dévoué se chargea de ce soin et fut pour Carnegie un véritable éducateur; inculquant dans sa jeune âme l'amour du bien et de la vérité, il lui apprit à haïr l'hypocrisie, et à exprimer librement son opinion. A douze ans, Carnegie suit ses parents aux États-Unis et se met au travail. On lui confie la surveillance d'une machine à vapeur, et un dollar et demi par semaine lui est alloué comme salaire. Dans sa jeunesse il rencontre un bienfaiteur, le général Anderson, d'Allegheny-Pittsburgh. Ce philanthrope possédait une bibliothèque de quatre cents volumes, gracieusement mise à la disposition des jeunes gens. Carnegie s'empressa d'en profiter, et nous dit avec quelle impatience il attendait le samedi, pour retirer un nouveau livre; cela nous explique pourquoi, à son tour, il a fondé de si magnifiques bibliothèques populaires. Plus tard Carnegie apprit la télégraphie, sous la direction de M. Reid, actuellement consul à Dunfermline. Jeune encore, il obtint un emploi dans les chemins de fer de l'Ouest de la Pensylvanie. C'est à cette époque qu'il entrevit les ressources considérables que pouvait offrir la fabrication du fer et de l'acier, et c'est effectivement dans cette industrie que Carnegie sut se créer, dans la suite, une position si éminente.

Dans les pages qui suivent Andrew Carnegie emploie régulièrement le mot « race ». Précisons qu'à l'époque où ce texte fut écrit, la notion de race bénéficiait d'une caution scientifique qui n'est plus de mise aujourd'hui. Il était courant, à la suite notamment des célèbres travaux de Charles Darwin, d'employer ce terme dans les cénacles intellectuels, dans les universités ou dans les milieux les plus cultivés. La pensée de Carnegie s'inscrit d'ailleurs dans la lignée du darwinisme social, doctrine qui applique la théorie évolutionniste aux sociétés humaines. Si ce courant de pensée apparait aujourd'hui comme étant quelque peu daté, il n'en reste pas moins que la pensée de Carnegie continue d'être pertinente sous bien des aspects.

— FVE, 2021

L'ÉVANGILE DE LA RICHESSE

1

L'EMPLOI JUDICIEUX DE LA RICHESSE

Le problème de notre époque consiste à trouver l'emploi judicieux de la richesse, de manière à développer entre le riche et le pauvre les relations d'un commerce fraternel. Ce n'est pas un simple changement, mais une véritable révolution qu'ont subie, durant les derniers siècles, les conditions de la vie humaine. Il n'y avait autrefois qu'une bien petite différence entre la vie matérielle d'un chef et celle de ses subordonnés. Les Indiens, du reste, en sont encore à ce point de civilisation. Lorsque je visitai la tribu des Sioux, on me conduisit chez le chef, dont le wigwam, à l'extérieur, était exactement semblable à celui de ses sujets; l'intérieur différait à peine de celui du plus pauvre de ses braves. Le contraste qui existe aujourd'hui entre le palais du millionnaire et la demeure de l'ouvrier, témoigne hautement du changement qui s'est produit; mais loin de le regretter, il faut s'en réjouir comme d'un précieux avantage. Il est bon, en effet, et même essentiel pour l'amélioration de la race que, dans les demeures de quelques-uns, se trouvent rassemblées les productions les plus belles et les plus élevées de la littérature et des arts, dues aux progrès de notre civilisation raffinée. On ne peut concevoir un Mécène sans richesse; le «bon vieux temps» n'était pas réellement le bon vieux temps. La situation des maîtres et des serviteurs s'est beaucoup améliorée de nos jours, et un retour en arrière serait, tant pour celui qui commande que pour celui qui sert, pour ce dernier surtout, un malheur qui pourrait ruiner notre état social. Du reste, quelle que soit la valeur du changement qui s'est opéré, il s'impose, et nous devons l'accepter, en cherchant à en tirer le meilleur parti possible, plutôt que de perdre notre temps à le critiquer.

2

L'ÉVOLUTION, ET CE QU'ELLE NOUS COÛTE

Il est facile de voir comment cette évolution s'est produite. Un seul exemple fera comprendre toutes les phases du phénomène, et c'est dans la fabrication des produits industriels que nous le choisirons. Il pourrait d'ailleurs être pris dans toute autre branche de l'activité créatrice du génie humain, que ce siècle scientifique a stimulé et agrandi par ses inventions. Autrefois, en effet, tout se fabriquait au foyer domestique, ou dans de petits ateliers faisant partie du ménage. Le maître et ses apprentis travaillaient côte à côte, vivaient ensemble, et partageaient les mêmes conditions d'existence. Devenus patrons à leur tour, les apprentis en formaient d'autres dans la même routine; il y avait au fond égalité sociale, et même égalité politique, car les artisans n'avaient alors, dans les affaires de l'État, que peu ou point de droits.

3

NOUS PAYONS FORT CHER CE PROGRÈS SALUTAIRE

Les produits d'un pareil mode de fabrication, forcément grossiers, ne pouvaient être livrés qu'à un prix élevé, tandis que celui des produits actuels, d'excellente qualité, étonnerait fort les générations qui nous ont précédés. Les mêmes causes et les mêmes effets se retrouvent dans le monde commercial, toujours pour le plus grand bénéfice de la race. Le pauvre d'aujourd'hui s'accorde bien des choses interdites au riche d'autrefois; ce qui était le luxe est devenu le nécessaire. L'ouvrier des campagnes a plus de confort que le fermier des temps passés; le fermier à son tour est bien mieux vêtu, et même logé, que ne l'était le propriétaire. Quant au propriétaire, devenu ami des arts, les souverains de jadis lui envieraient ses livres et ses tableaux de prix. En retour, nous payons fort cher ce progrès salutaire. Parmi les milliers d'ouvriers, rassemblés dans une usine ou dans une mine, le patron n'en connaît que peu ou point; pour eux, il est presque un mythe.

Aucun rapport n'existant entre lui et l'ouvrier, des castes nettement séparées se forment, et comme elles ne se connaissent plus, il en résulte forcément une méfiance réciproque. Dès lors, plus de sympathie d'une caste pour l'autre, mais une tendance instinctive à ajouter foi à la calomnie. D'autre part, la loi de la concurrence impose au patron les plus strictes économies; or, parmi les dépenses, la main-d'œuvre figure en première ligne: de là de fréquents tiraillements entre le patron et l'ouvrier, entre le capital et le travail, entre le riche et le pauvre, et dès lors, adieu à la bonne harmonie de la société !

4

L'HOMME EST PLUS QUE L'ARGENT

La loi de concurrence, de même que le luxe et le confort de la vie, coûtent cher à la société. Celle-ci y trouve néanmoins son compte, car c'est à cette loi qu'elle doit ce merveilleux développement matériel qui a eu pour conséquence l'amélioration générale des conditions. Or, puisque cette loi est établie, bonne ou mauvaise, il faut l'accepter. Nous ne pouvons en effet nous y soustraire, et nous n'avons rien trouvé à lui substituer. Dure parfois pour l'individu, elle convient le mieux à la race, puisqu'elle assure la prédominance au plus capable, dans chacune des branches de l'activité humaine. L'inégalité des situations, de même que la concentration, dans les mains de quelques-uns, des affaires industrielles ou commerciales, et la loi de concurrence qui en résulte pour eux, sont autant de conditions qui nous sont imposées; nous en retirons le bénéfice, tout en assurant le progrès de notre race. Ce qui précède étant admis, il s'ensuit qu'il faut favoriser le libre développement des aptitudes spéciales du marchand, ou du fabricant, qui est appelé à diriger les grandes affaires. Il est rare, en effet, de trouver réunies, dans un même homme, les qualités qui font le bon organisateur et le bon directeur, et ces qualités sont si précieuses, que celui qui les possède en tire invariablement un grand bénéfice. Aussi, voyons-nous les hommes entendus en affaires, considérer avant toutes choses la valeur de l'homme qu'ils choisissent, tenant pour fort secondaire l'importance du capital qu'apporte leur associé.

Les hommes capables créent rapidement des capitaux, qui se fondent tout aussi rapidement dans les mains des incapables. Les compagnies qui manient des millions ont recours aux premiers; or, en ne comptant qu'un faible intérêt sur les capitaux employés, les revenus de ces hommes excèdent forcément leurs dépenses; par le fait ils arrivent donc à la richesse. Un établissement commercial ou industriel, qui ne gagnerait pas au moins les intérêts du capital, ne tarderait pas à faire banqueroute. Il faut prospérer ou périr, car on ne peut pas rester stationnaire. Pour qu'une affaire puisse vivre, elle doit rapporter l'intérêt d'abord, et réaliser en plus des bénéfices. Cette loi est aussi certaine, et aussi bienfaisante pour la société, que celles que nous avons déjà mentionnées.

5

IL NE FAUT RÉALISER QUE CE QUI A ÉTÉ RECONNU PRATICABLE

Ne nous arrêtons pas aux objections qui pourraient être soulevées contre les principes servant de base à la constitution de notre société, puisque notre race les a préférés à tous ceux dont on a fait l'essai. Nous n'avons aucune donnée sur les conséquences qu'entraînerait l'application de principes nouveaux. Le socialiste et l'anarchiste qui voudraient bouleverser l'état social actuel, s'attaquent, par le fait, à la base même de notre civilisation, qui a pris son essor, à partir du jour où l'ouvrier capable et industrieux a dit à son compagnon ignorant et paresseux : « Si tu ne sèmes pas, tu ne dois pas moissonner.» Cette séparation des bourdons et des abeilles mit fin au communisme primitif. Quiconque approfondit ce sujet arrive bientôt à cette conclusion: la civilisation n'est possible que si la propriété est sacrée ; aussi bien les cent dollars déposés par l'ouvrier à la caisse d'épargne, que les millions du millionnaire. Chaque homme doit avoir le droit de se reposer sans crainte sous sa vigne et sous son figuier, si l'on veut que la société progresse, ou meme qu'elle reste stationnaire. A ceux qui proposent aujourd'hui de substituer le communisme à l'individualisme excessif dont ils se plaignent, nous répondrons: non, l'humanité a déjà fait l'expérience que vous proposez, et c'est parce quelle a renoncé à ces idées qu'elle a cessé d'être barbare. L'accumulation de la fortune entre les mains de ceux qui ont su la créer par leur énergie et par leur savoir faire, n'a pas été un mal, mais un bien. Toute question d'intérêt pour l'avenir de notre race étant mise à part, on pourrait se demander s'il ne serait pas plus noble de travailler, non seulement pour soi, mais aussi pour ses frères et ses concitoyens, renonçant ainsi à l'individualisme, base actuelle de notre société. Ce serait la réalisation de l'idée que Swedenborg se fait du ciel où, dit-il, le bonheur des anges consiste à ne pas travailler pour soi, mais pour les autres. Pour en arriver là, ce n'est pas une évolution, mais une révolution qui serait nécessaire. Il faudrait changer la nature humaine, et ce changement exigerait bien des siècles; encore ne pourrait-on pas être certain d'avance du résultat. Il ne paraît pas possible de l'obtenir à notre époque et si, théoriquement, il était désirable, il ne pourrait être pratiquement réalisé que par une longue série de modifications sociologiques. Nous ne devons nous préoccuper que de ce qui peut être réalisé actuellement, de ce «pas en avant» que doit faire notre génération. N'est-il pas criminel en effet de dépenser mal à propos notre énergie pour chercher à déraciner l'arbre universel de l'humanité, quand tout ce que nous pouvons faire utilement se borne à l'orienter de façon à lui faire produire de bons fruits? Pourquoi travailler à détruire le type humain le plus parfait jusqu'à ce jour, sous prétexte qu'il n'est pas à la hauteur de notre idéal? Saper l'individualisme, le droit de propriété, la loi de concurrence et l'accumulation des richesses qui en est la conséquence, c'est sacrifier le résultat le plus net de l'expérience humaine, et stériliser le sol dont l'humanité a tiré ses meilleurs fruits. Injustes et inégales parfois dans leurs effets, ces lois qui paraissent imparfaites à l'idéaliste, n'en représentent pas moins ce que l'humanité a créé, jusqu'à ce jour, de plus précieux et de plus parfait.

6

L'UTILITÉ DES GRANDES FORTUNES EST DISCUTABLE, CELLE DE L'AISANCE NE L'EST PAS

Nous acceptons donc, au mieux des intérêts de la race, un état de choses qui, forcément, conduit à l'accumulation des richesses dans les mains d'un petit nombre. Cela admis, nous sommes guidés dans la voie que nous avons choisie, et que nous tenons pour bonne. En somme, les principes d'où nous sommes partis, étant supposés vrais, le seul problème à résoudre est le suivant : Quel est l'emploi le plus judicieux des richesses, accumulées par les lois qui régissent notre civilisation, dans les mains d'un petit nombre? Je crois pouvoir présenter la solution de ce problème. Et d'abord; il est bien entendu qu'il ne saurait être question dans ce qui va suivre des fortunes modestes, fruit du travail de nombreuses années, et dont les revenus sont nécessaires pour l'entretien et l'éducation de la famille. Ces fortunes-là ne peuvent être désignées sous le nom de richesse; chacun doit s'efforcer de les acquérir, et cela pour le plus grand bien de la société.

7

DES TROIS MODES D'EMPLOI
DE LA RICHESSE

Il n'existe que trois modes d'emploi de l'excédent de la richesse : Le possesseur peut la laisser aux siens, en mourant, ou la léguer dans un but d'intérêt public, ou enfin en disposer de son vivant. La plupart des riches de ce monde choisissent la première et la seconde manière. Considérons-les successivement. La première est la moins judicieuse. Les propriétés, et la plus grosse part de la fortune des parents, reviennent au fils aîné, dans les pays monarchiques. Le nom et le titre sont transmis intacts aux générations suivantes, et la vanité des ascendants se trouve ainsi satisfaite. L'inanité de telles espérances, et de pareilles ambitions, ressort clairement de l'examen de la situation de cette classe en Europe. Les descendants s'appauvrissent, soit qu'ils dissipent eux-mêmes leur patrimoine, ou que leurs propriétés subissent une dépréciation. Dans la Grande-Bretagne la loi du majorât, si sévère qu'elle soit, a été insuffisante pour maintenir une noblesse héréditaire. Les terres ont passé rapidement entre des mains étrangères. Sous le régime républicain, la division de la propriété entre les enfants est beaucoup plus juste. Or, à ce sujet, la question suivante s'impose aux hommes réfléchis de tous les pays : Pourquoi laisserions-nous de grandes fortunes à nos enfants? Si c'est par affection, n'est-ce pas une affection mal entendue? L'expérience nous montre, en effet, que cette manière d'agir n'est profitable, en général, ni aux enfants, ni au pays. On comprend aisément qu'un homme songe à laisser à sa femme et à ses filles un revenu modéré, et peu ou rien à ses fils, car il est hors de doute que les grands héritages font souvent plus de mal que de bien aux héritiers. Les hommes sensés reconnaîtront, tôt ou tard, que de pareils legs constituent un emploi peu judicieux de leur fortune, tant au point de vue de l'intérêt de leur famille, que de celui de leur pays.

8

JE LAISSERAIS PLUTOT A MON FILS MA MALÉDICTION QUE LE TOUT-PUISSANT DOLLAR

Je suis loin de prétendre que l'homme qui a négligé d'apprendre à son fils à gagner sa vie doive le jeter dans la misère; son devoir, au contraire, est de le pourvoir modérément, soit qu'il ait jugé bon de l'habituer à une vie oisive, soit qu'il ait eu le bon sens de lui enseigner à travailler pour le bien public, sans aucune préoccupation pécuniaire. On peut voir des fils de millionnaires gâtés par la fortune, et, devenus riches à leur tour, rendre de grands services à la société. Ces riches sont le sel de la terre; malheureusement ils sont aussi rares que précieux. Laissons toutefois l'exception, pour ne considérer que la règle. Voyant où conduisent d'ordinaire les grands héritages, le sage doit s'écrier: «Je laisserais plutôt à mon fils ma malédiction, que le tout puissant dollar», car de pareils legs ne sont pas inspirés par le souci de l'avenir des enfants, mais par l'orgueil de famille.

9

DES LEGS FAITS DANS UN BUT D'INTÉRÊT PUBLIC

Examinons la seconde manière de disposer de la richesse, celle qui consiste à la léguer dans un but d'intérêt public. A vrai dire, c'est un autre genre de placement, employé par l'homme qui se contente d'attendre sa mort pour commencer à faire du bien. Le résultat des legs que nous connaissons n'est pas fait pour nous inspirer une grande confiance dans le succès de ces œuvres posthumes. Souvent les intentions du testateur n'ont pas été réalisées, soit que les circonstances ne l'aient pas permis, soit qu'elles aient été contrariées à dessein. D'autres fois, ces legs ont été si mal employés, qu'ils sont devenus des monuments de l'extravagance du donateur. En somme, disposer de sa richesse d'une façon profitable à la communauté, est aussi difficile que de l'acquérir. Il est permis de supposer que le testateur n'a renoncé à sa fortune que contraint par la mort; et cette contrainte doit modérer notre reconnaissance;

ce n'est pas un don gracieux. Ne nous étonnons donc pas que de pareils legs manquent souvent leur but.

10

L'ÉTAT DANS SES RAPPORTS AVEC LA RICHESSE

On ne peut qu'applaudir à la tendance de l'État à imposer de plus en plus lourdement les grands héritages; c'est le signe d'un changement salutaire dans l'opinion publique. L'État de Pensylvanie prélève maintenant près d'un dixième de la fortune laissée au moment de la mort. Le budget présenté au Parlement anglais, ces jours derniers, propose d'augmenter les droits de succession, et ce qu'il y a de plus remarquable, c'est que la taxe proposée est progressive. Ce serait le plus sage des impôts. Il est légitime, en effet, que l'État qui représente la communauté, fasse sentir aux hommes que cette communauté a aidé à rendre riches, qu'elle a droit à participer à leur héritage. L'État, en taxant lourdement leur succession, inflige un blâme à la vie inutile de l'égoïste millionnaire.

11

LES NATIONS DEVRAIENT ALLER PLUS LOIN ENCORE DANS CETTE VOIE

Il serait certainement difficile de déterminer la part d'héritage qui devrait revenir à l'État, et par lui à la communauté; mais, en tout cas, il serait juste que ces impôts fussent progressifs. Insignifiants pour les revenus du salarié, ils augmenteraient proportionnellement proportionnellement à ses revenus, pour frapper les trésors du millionnaire, comme le poète dit de Shylock:

> *The other half Cornes to the privy*
> *coffer of the State[1].*

Le riche serait ainsi amené à employer sa fortune pendant sa vie, pour le plus grand bénéfice de la société. Les sources de l'esprit d'entreprise n'en seraient point taries pour cela, et l'on trouverait toujours des hommes désireux de s'enrichir. Ceux qui auront l'ambition de devenir riches, qui y parviendront, et auxquels il ne déplaira pas qu'on parle d'eux après leur mort, continueront à amasser, sachant que, par les droits énormes qu'on payera pour leur succession, ils attireront l'attention, tout en ayant travaillé en vue d'un plus noble but.

---

1. L'autre moitié entre dans le trésor secret de l'Etat.

12

IL N'Y A QU'UN SEUL MOYEN DE BIEN EMPLOYER UNE GRANDE FORTUNE

L'emploi que nous proposons corrigerait la répartition inégale de la richesse dans ce monde, et aurait comme conséquence la réconciliation du riche et du pauvre, et le règne de la concorde. Cet idéal ne ressemble en rien à celui des communistes ; il n'est en effet que la continuation du développement des conditions actuelles, et non le bouleversement complet de notre civilisation. Il se trouve en parfait accord avec l'individualisme moderne, poussé à l'excès; l'humanité est préparée à le mettre graduellement en pratique ; elle n'a qu'à vouloir. Sous son impulsion, nous aurons un régime, où le surplus de la richesse de quelques-uns deviendra la propriété du plus grand nombre, et cela dans les meilleures conditions, puisqu'il sera employé pour le bien public. Maniée par un petit nombre, cette richesse ne sera-t-elle pas un levier bien plus puissant pour le progrès de la race, que si elle avait été répandue directement parmi le peuple? Le plus pauvre peut s'en rendre compte; il conviendra aisément que les grandes sommes amassées par quelques-uns de ses concitoyens, et dépensées pour le bien public, lui procurent de plus grands avantages que ne l'aurait fait sa part minime, dans le cours de nombreuses années.

LE RÉSULTAT OBTENU PAR L'INSTITUT COOPER[1]

Prenons l'Institut Cooper exemple. Les avantages qui en sont résultés pour la meilleure partie de la population pauvre de New-York, sont bien supérieurs à ceux dont elle aurait bénéficié si M. Cooper avait distribué, durant, sa vie, une somme équivalente sous forme d'augmentation de salaire. Cette somme, distribuée au peuple, eût été dépensée en partie fort mal à propos et pour la satisfaction d'appétits divers. Admettons toutefois qu'elle ait servi en entier à augmenter le bien-être domestique, ce qui serait la meilleure hypothèse; le bénéfice que la race en aurait retiré est-il comparable à celui que l'Institut Cooper lui procure, et cela pendant bien des générations? Laissons aux défenseurs des bouleversements radicaux et violents le soin de bien réfléchir à cette question.

UN MOT SUR LE LEGS DE CINQ MILLIONS DE DOLLARS DE M. TILDEN

Prenons un second exemple : la donation de M. Tilden. Cette donation consiste en une somme de cinq millions de dollars, qui doit être affectée à la création d'une bibliothèque gratuite dans la ville de New-

York. Ici nous ne pouvons nous dispenser de quelques réflexions. Combien il eût été préférable que M. Tilden, au lieu d'attendre sa mort pour léguer dans ce but une somme immense, eût consacré les dernières années de sa vie à en surveiller lui-même l'emploi judicieux? Aucune contestation légale ne fût venue contrarier ses vues, et l'exécution de ses volontés n'eût souffert aucun retard. Admettons cependant que les millions de M. Tilden finissent par être affectés au but fixé par lui : New-York sera doté d'un magnifique établissement, où tous les trésors du monde qui peuvent être rassemblés dans les livres seront rendus gratuitement accessibles à tous, et pour toujours. La permanence d'un pareil bienfait n'est-elle pas, pour la population qui se concentre dans l'ile de Manhattan et dans ses alentours, d'un plus grand avantage que si on avait fractionné ces millions entre un grand nombre de personnes? Le défenseur le plus zélé du communisme n'en sera pas convaincu peut-être, mais bien l'homme qui se donne la peine de réfléchir.

---

1. L'Institut Cooper, vu les nombreuses branches de son enseignement, peut être, à juste titre, désigné sous le nom de petite Université professionnelle artistique: Cours pour les deux sexes, École du soir pour les hommes, Galerie de machines, Musée, Bibliothèque, Salle de lecture. Cet important et utile établissement est très fréquenté et très populaire.

13

LE SEUL VÉRITABLE AVANTAGE DE LA RICHESSE

Ici-bas, nos moyens d'action sont faibles et limités, notre horizon borné, notre œuvre la meilleure, imparfaite. Toutefois, n'est-ce pas un inappréciable avantage pour le riche de pouvoir créer de son vivant des œuvres bienfaisantes pour l'ensemble de ses concitoyens? N'ennoblira-t-il pas sa vie en leur procurant des avantages durables? Imiter la vie du Christ doit être pour nous la plus haute ambition (quoique nous ne sachions cependant concevoir cette imitation comme le comte Tolstoï). Nous croyons plutôt, qu'inspirés par son esprit, nous devons tenir compte des conditions actuelles, et mettre à son service les ressources de notre époque. Nous travaillerons ainsi pour le bonheur de nos concitoyens. C'était le but de la vie du Christ et l'essence de sa doctrine; nous travaillerons dans cet esprit, mais avec les moyens de notre époque.

14

LE DEVOIR DE L'HOMME RICHE

Le devoir du riche peut donc se résumer ainsi : sa vie sera modeste et sans faste, exempte d'ostentation ou d'extravagance. Toujours prêt à subvenir, dans une juste mesure, aux besoins légitimes de ceux qui dépendent dépendent lui, il devra considérer le surplus de ses revenus comme un fonds, qui lui est simplement confié pour l'administrer sagement. Il se croira strictement tenu de l'employer à ce qui lui paraît le plus propre à procurer à la communauté de bienfaisants résultats. Le riche qui comprend ainsi ses devoirs devient, par le fait, simple mandataire de ses frères moins fortunés; il met à leur service son jugement éclairé, son expérience, ses capacités administratives, et il obtient ainsi pour eux des résultats meilleurs que ceux auxquels ils auraient pu ou voulu arriver eux-mêmes.

15

A QUELS SIGNES RECONNAÎT-ON L'EXTRAVAGANCE ?

Nous voici amenés à trancher une série de questions difficiles. 1° Qu'est-ce que pourvoir modérément les siens? 2° Qu'entend-on par vie modeste et sans faste, et que doit-on taxer d'extravagance? Il est évidemment nécessaire de distinguer des degrés divers, selon les conditions, car il est aussi impossible d'assigner des limites exactes, que de définir les bonnes manières, le bon goût et les règles de la convenance ; nous sentons ces vérités, sans pouvoir toutefois les définir exactement; quiconque les méconnaît froisse le sentiment public. Il en est de même à propos de la richesse. En ce qui concerne soit les vêtements des hommes, soit ceux des femmes, tout ce qui attire trop les regards est de mauvais goût. On a vite une idée du genre de culture d'une famille qui se fait remarquer uniquement par l'étalage de sa richesse, l'extravagance de sa maison, de sa table ou de ses équipages, qui dépense, en un mot, avec ostentation des sommes exagérées, pour des usages purement personnels.

L'opinion publique juge différemment celui qui fait bon usage de sa fortune et celui qui en use mal; l'homme qui s'intéresse généreusement aux entreprises d'intérêt public, et celui qui s'acharne à accumuler et à entasser jusqu'à son dernier moment; ceux qui emploient utilement leur fortune durant leur vie, et ceux qui se bornent à la léguer à leur mort. Le sentiment public, dans ce qu'il a de meilleur et de plus éclairé, prononce le verdict. La communauté juge et se trompe rarement.

16

L'ARGENT DÉPENSÉ EN CHARITE EST EN GRANDE PARTIE MAL EMPLOYÉ

Nous avons déjà indiqué les meilleurs usages que le riche peut faire du surplus de sa fortune. A lui de le répartir judicieusement, car la charité arbitraire est un des plus sérieux obstacles au progrès de la race. Il vaudrait mieux pour l'humanité que les millions du riche fussent jetés à la mer que s'ils étaient dépensés à encourager le paresseux, l'ivrogne, l'homme indigne. Il est probable que sur mille dollars, dépensés au service de cette soi-disant charité, neuf cent cinquante le sont mal à propos, c'est-à-dire de façon à créer les maux qu'elle prétend adoucir ou guérir. Un auteur de livres philosophiques avouait l'autre jour avoir fait l'aumône d'un quart de dollar à un homme, au moment où il allait rendre visite à un ami. Il ne savait rien des habitudes du mendiant; il ignorait l'usage qui serait fait de cet argent, et croyait avoir toute raison de supposer qu'il serait dépensé mal à propos. Cet homme se prétendait disciple d'Herbert Spencer, et cependant il est probable que le quart de dollar donné cette nuit fera plus de mal que tout l'argent que ce donateur irréfléchi pourra distribuer en vraie charité ne fera de bien. Il avait donné son aumône pour s'éviter un ennui. C'était peut-être la plus égoïste et la plus mauvaise action que cet homme estimable à tous égards ait jamais commise de sa vie.

17

N'AIDEZ QUE CEUX QUI VEULENT BIEN S'AIDER EUX-MÊMES

Les principales considérations dont il faut s'inspirer en faisant la charité, sont les suivantes : N'aider que ceux qui veulent s'aider eux-mêmes; Fournir à ceux qui veulent s'améliorer une partie des moyens nécessaires pour poursuivre ce but; Donner assistance à ceux qui veulent grandir, en un mot, aider, mais bien rarement faire tout. L'aumône n'améliore ni l'individu ni la race. Il est rare que ceux qui méritent d'être assistés sollicitent cette assistance. Les hommes de réelle valeur ne le font jamais, sauf en cas d'accident ou de bouleversement. On connaît des cas où une assistance temporaire a produit réellement du bien. Il ne faut pas laisser échapper ces occasions. Toutefois les sommes susceptibles d'être données judicieusement de la main à la main, ne peuvent être que de peu d'importance, parce qu'on ne connaît pas les circonstances ou les antécédents de ceux que l'on voudrait secourir. Le vrai bienfaiteur met autant de souci et de soin à ne pas aider l'homme indigne qu'à secourir celui qui le mérite. Je dirais même qu'il doit être plus scrupuleux dans les raisons qui peuvent justifier son refus, car en récompensant le vice, on fait plus de mal qu'on ne fait de bien en secourant la vertu.

18

LE CHOIX DE L'HOMME RICHE EST LIMITÉ

L'emploi judicieux que le riche peut faire de sa fortune parait à peu près limité aux exemples de Peter Cooper — Enoch Pratt [1] de Baltimore — Pratt de Brooklyn, sénateur Stanford[2] et d'autres, qui savent que le meilleur moyen de faire du bien à la communauté consiste à mettre à sa portée les échelles par lesquelles ceux qui le désirent peuvent s'élever. Des bibliothèques, des parcs, des récréations fortifiant le corps et l'esprit; des œuvres d'art qui charment et perfectionnent le goût public; des établissements d'intérêt général pour améliorer la condition du peuple. Ces hommes ont offert à leurs concitoyens le surplus de leurs richesses, sous la forme la mieux appropriée pour produire un bien durable.

---

1. Pratt fit construire une bibliothèque à Baltimore; elle coûta 5 millions de francs. Il fut convenu que la ville s'engagerait, de

son côté, à fournir une subvention de 250,000 fr. pour l'entretien.
2. Le sénateur Stanford a dépensé 50 millions de francs pour une Université sur la côte du Pacifique, et il est probable qu'il y consacrera 100 millions de plus.

19

LE PROBLÈME DU RICHE ET DU PAUVRE

Telle est la solution du problème du riche et du pauvre. La loi de l'accumulation des richesses, ainsi que celle de leur répartition, doit fonctionner sans entrave. L'individualisme est respecté, mais le million du riche ne sera, entre ses mains, qu'un *fidéicommis*[1] en faveur du pauvre. Une grande partie de la richesse publique ne lui est confiée que pour un temps; ainsi il l'emploiera pour la communauté, bien mieux qu'il ne pourrait ou ne voudrait le faire pour son propre usage. Dans le développement ultérieur de l'humanité, les meilleurs esprits en arriveront à conclure que la seule manière de disposer de l'excédent de richesse, concentré dans les mains d'hommes prévoyants et sérieux, est de le dépenser annuellement pour le bien général. L'aurore de ce jour se lève. L'homme qui aura laissé dans de grandes entreprises des capitaux qu'il n'a pas pu, ou voulu retirer, et qui seront légués en partie ou en totalité à des œuvres d'intérêt public peut encore mourir sans encourir la pitié de ses concitoyens. Mais le jour n'est pas loin où celui qui mourra en laissant des millions de richesses disponibles, qu'il était libre d'employer utilement pendant sa vie; passera sans être « ni pleuré, ni honoré, ni chanté». Peu importe la destination donnée par lui à la défroque qu'il n'aura pu emporter; le jugement public dira : L'homme qui meurt si riche, meurt déshonoré.

---

1. Le mot "Fideicomis" désigne une disposition testamentaire par laquelle le stipulant transmet un bien, ou tout ou partie de son patrimoine à un bénéficiaire apparent, en le chargeant de retransmettre ce ou ces biens à une tierce personne spécifiquement désignée dans l'acte. (NDE - Source : *dictionnaire-juridique.com*)

20

LE VRAI ÉVANGILE DE LA RICHESSE

Tel est, pour moi, le véritable Évangile de la richesse. C'est l'observation de ses préceptes qui résoudra un jour le problème du riche et du pauvre, et donnera la paix sur la terre aux hommes de bonne volonté.

Andrew CARNEGIE

Copyright © 2021 par FV Éditions
Design de la couverture: Canva.com - FVE
ISBN Ebook 979-10-299-1308-2
ISBN Livre Broché 979-10-299-1309-9
Tous Droits Réservés

www.ingramcontent.com/pod-product-compliance
Lightning Source LLC
LaVergne TN
LVHW041716060526
838201LV00043B/767